Courson (R. du)

58

1898

L⁹ α

35

AUTHENTICITÉ

DES

TITRES DES CROISADES

AUTHENTICITÉ

DES

TITRES DES CROISADES

DE LA

COLLECTION COURTOIS

PAR

ROBERT DE COURSON

2me FASCICULE

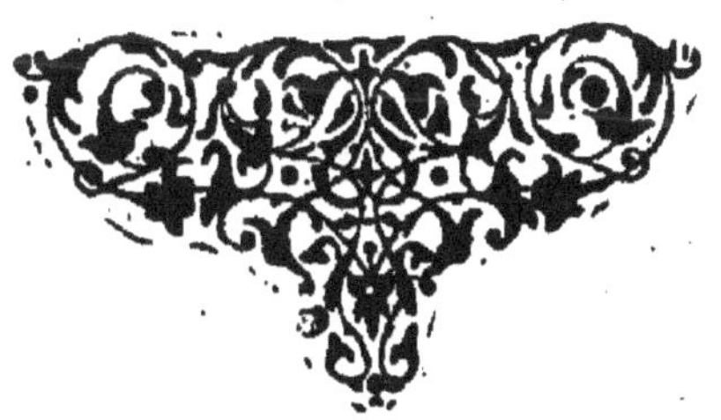

VANNES

LIBRAIRIE LAFOLYE

—

1898

AUTHENTICITÉ DES TITRES DES CROISADES

DE LA COLLECTION COURTOIS

Après avoir écrit, en 1806, un long article, dans la *Revue Historique de l'Ouest*, sur les Chartes des Croisades, je ne pensais pas avoir à revenir sur cette question, car personne, malgré mes avances, ne m'avait fait d'objections. J'estimais donc qu'il n'était plus admissible d'émettre des doutes, désormais, sur l'authenticité des chartes de la collection Courtois qui avaient servi de base aux inscriptions des croisés à Versailles.

Pourtant, un an plus tard, j'appris qu'il existait, aux manuscrits de la Bibliothèque Nationale, cinq volumes in-folio, intitulés « Lacabane, *Chartes de Croisades*, manuscrits latins, nouvelle acquisition, *N** 1664 à 1668* », dans lesquels M. Lacabane critiquait, disait-on, sur quelques brouillons retrouvés après sa mort, les *chartes* dont il s'était servi[1].

Les trois derniers tomes, *1666, 1667, 1668*, sont tenus secrets et l'armoire qui les renferme n'est ouverte que sur

[1] Ces volumes ont été vendus à la Bibliothèque nationale, après la mort de M. Lacabane, par son gendre, archiviste du département de Seine-et-Oise.

une autorisation écrite de M. l'Administrateur de la Bibliothèque nationale.

Si je reprends aujourd'hui ce sujet, c'est que, de la lecture peu approfondie des in-folio précités, qui dans vingt ans seront livrés au public, il résulterait peut-être une regrettable erreur. En effet lorsque ces *critiques concernant la collection* Courtois tomberont sous les yeux des lecteurs, ils pourraient en tirer la conclusion que M. Lacabane a renié son œuvre, *après l'avoir achevée*, alors qu'au contraire toutes les notes, dans lesquelles il incrimine ladite collection, ont été écrites, par lui, au moment où il doutait fort de son authenticité, lorsqu'elle fit son apparition, n'ayant pu se livrer sur elles qu'à une étude relativement superficielle. Nous prouverons ci-après, qu'à partir de l'époque où les expertises eurent lieu, entre 1842 et 1843, jusqu'à son extrême vieillesse, M. Lacabane resta d'une foi inébranlable dans la valeur de ces chartes.

Il n'aurait pas fallu s'exagérer du reste l'importance d'un revirement d'opinion de M. Lacabane. Parce qu'il aurait eu des doutes, à un moment donné, même postérieurement à l'inauguration des dernières salles des Croisades, cela ne prouverait nullement que les titres Courtois soient apocryphes.

Pourtant, afin d'éviter le mauvais effet que pourrait produire une volte-face du savant, et pour rétablir la vérité des faits, nous allons étudier une à une, en tâchant de leur donner une date, les pièces du tome III des in-folio où l'on rencontre les doutes exprimés par le promoteur des salles des Croisades. Ce ne sera qu'un aperçu; d'autres, plus autorisés, pourront faire beaucoup mieux que nous.

*_**

A peine avais-je feuilleté les premières pages du tome III, N° 1666, que je fus frappé d'étonnement; je lisais, en effet, tout d'abord, sur un chiffon de papier, sorte de bordereau sans format, quelques lignes où l'édificateur du monu-

ment des Croisades de Versailles émettait des doutes graves
au sujet de l'authenticité des documents, sur lesquels il avait
étayé la partie principale de son œuvre.

De la part de M. Lacabane, le fait me parut d'abord in-
vraisemblable ; mais, en continuant ma lecture, je m'aperçus
bien vite qu'en effet le savant paléographe, se condamnant lui-
même, qualifiait d'une façon presque positive les chartes
Courtois de non authentiques et de fausses.

Comment! m'écriais-je alors, ces salles des Croisades de Versailles, objet de tant de laborieuses expertises, créées sous les
auspices du roi Louis-Philippe, par le directeur des Archives
du Royaume, plus tard président de l'École des chartes,
seraient vraiment une œuvre carnavalesque ! Et c'est celui
que la confiance du roi avait préposé à l'édification de ce
monument historique, celui qui y avait consacré trois ou
quatre ans d'études, entouré des avis de savants français ou
étrangers, celui qui avait soutenu si longtemps des polé-
miques très vives en faveur de ces titres, celui qui enfin
avait eu sous la main tous les moyens de vérification et de
contrôle, lui permettant d'éviter les erreurs, c'est lui qui
confesse aujourd'hui si légèrement sa colossale méprise, en
confiant sa pensée, en quelques lignes, à des chiffons de papier
ou bordereaux malpropres !

Comment ! M. Lacabane a trompé l'Europe entière et il
condamne ainsi sans explications, sans pudeur, sans regrets
toute sa vie, il avoue *en cachette* ce four inqualifiable ! Et
malgré sa bévue, il a consenti à rester depuis 1840 jusqu'à
1872 ou 1875, l'arbitre d'admissions qu'il faudrait qualifier
de grotesques, dans ces salles déshonorées ! Mais alors, cet
homme est un fou ou un indigne imposteur !

Pourquoi, si l'erreur était manifeste, n'a-t-il pas avoué publi-
quement et loyalement qu'il s'était trompé ? Pourquoi donc
a-t-il laissé à ses héritiers le soin de mettre au jour, subrep-
ticement, ces démentis qui, produits de la sorte, le désho-
norent lui-même absolument, couvrent de ridicule ses col-

laborateurs et discréditent même l'École des chartes dont il fut le directeur vénéré puis le président honoraire jusqu'à sa mort.

C'est alors que j'ai compris la prudence de M. Léopold Delisle qui, après étude des trois tomes en question, éprouvant, je pense, le même doute, la même impression de défiance que nous, a décidé de tenir secrets ces aveux, dont le sens ne lui a pas semblé tout d'abord suffisamment explicable.

J'ai cru comprendre aussi pourquoi l'École des chartes, informée de la présence, aux archives de la bibliothèque Richelieu, des volumes en question, avait mis au concours un prix pour la meilleure étude sur l'authenticité des chartes Courtois, malgré les aveux catégoriques (ou du moins qui semblaient tels) de M. Lacabane. C'est que, dans sa clairvoyance, l'École des chartes a compris, non seulement qu'il était inadmissible que M. Lacabane fût complice des imposteurs, des escrocs, des voleurs, mais encore qu'on ne pouvait considérer comme une confession, comme des aveux, quelques lignes de brouillon, tracées d'une écriture manifestement hâtive, sur des bouts de papier. En outre il n'échappait à personne que la valeur de ces prétendus aveux dépendait de leur date, nul n'ignorant qu'au début Lacabane a douté comme tout le monde.

On nous présente des brouillons ! Mais ces chiffons de papier, destinés à aller au panier, quelle valeur ont-ils ? Ils n'ont qu'un mérite peut-être : c'est d'être l'expression d'une première pensée, souvent fugitive, parfois rétractée à peine émise ; on néglige, la plupart du temps, dans ce dernier cas, de détruire le papier et c'est un tort, nous en avons la preuve, puisqu'avec ces brouillons, on veut démolir l'œuvre principale.

N'est-il pas arrivé aux hommes qui manient la plume, même aux plus exercés, aux plus réfléchis, de changer complètement de thèse ou de manière de voir, dans la même phrase et tout en écrivant? Combien d'auteurs seraient confondus, si on mettait en présence leurs premiers brouillons et leurs textes imprimés. Les contradictions seraient évidemment nombreuses, personne ne le niera.

J'avoue, que pour ma part, je considérerais comme un bien mauvais tour que quelqu'un vint m'opposer ce que j'ai écrit, sous une première impression et ce que j'ai définitivement arrêté, après mûre réflexion.

M. Lacabane avait l'habitude, comme tout le monde, de faire un brouillon, destiné à disparaître ; est-il donc permis d'attribuer à ce brouillon plus d'importance qu'à l'œuvre même ?

On confie à une fiche une pensée du moment, pour aider sa mémoire ; on peut classer des pièces dans un bordereau, sous une rubrique quelconque, en attendant un plus mûr examen ; on peut même exprimer un regret tardif, sous une impression irréfléchie et qui passe aussitôt écrite ; tout cela est provisoire, révocable et le mot brouillon même indique que l'idée est réformable. L'absence de date, surtout le manque de signature dénotent que le texte n'est pas pesé suffisamment et qu'il n'est pas la dernière expression de la volonté ; c'est pourquoi, aucun acte n'a de valeur sans être signé et daté.

Vouloir attribuer aux quelques informes brouillons, sur des bouts de papier, à peine lisibles, de M. Lacabane, la valeur d'un jugement définitif, vouloir y trouver une formule de rétractation, serait donc d'autant plus ridicule, qu'à côté même des lignes du tome III traduisant un doute, il s'en trouve d'autres exprimant le contraire. Et même, ici, remarquons que le doute de M. Lacabane est toujours suivi d'un correctif, tandis que l'affirmation d'authenticité est nette, positive. Lequel des deux faut-il donc croire ?

Si l'on admet que le savant n'a pas cru à l'authenticité des chartes, c'est le renversement de toute son œuvre, c'est un monde de contradictions que l'on soulève, en un mot, le travail énorme, attesté par les cinq in-folio, devient inexplicable.

A vrai dire, en lisant avec attention, j'ai remarqué que le plus grand nombre des annotations hostiles à la collection Courtois n'étaient pas toutes absolument de la même écriture que les lettres de M. Lacabane, bien que les unes et les autres ne fussent que des brouillons. Parfois, les encres étaient de différentes époques, surtout l'une d'elles, en sorte que j'ai hésité, tout d'abord, l'avouerais-je, à en recon naître l'authenticité.

En tout cas, mettant nos doutes de côté, si nous admettions un instant que ces annotations étaient une rétractation, l'expression d'un repentir, survenu après l'inauguration des nouvelles salles des Croisades, nous nous trouverions en présence de contradictions évidentes entre les faits matériels, entre les brouillons du savant et entre les lettres à lui adressées par Messieurs le Tellier, Courtois, Trognon, et les familles intéressées.

Tout en feuilletant les in-folio, il ne m'échappa nullement, nous l'avons dit, que les annotations, notes ou bordereaux, allant à l'encontre de la valeur de la collection Courtois, n'étaient pas signés, n'étaient pas datés. Cette dernière remarque est d'une importance capitale, c'est le nœud de la question.

En effet, à la réflexion, je n'ai pas tardé à acquérir la conviction, je puis même dire la certitude, que toutes les négations d'authenticité, sorties de la plume de M. Lacabane, avaient été produites, au début, c'est-à-dire lorsque la collection Courtois fit, vers 1841, une apparition « trop opportune » disait-on. Seule, l'annotation de la page 100 du t. III peut mériter une discussion. (V. page 24, feuillet 100 du t. III.)

La preuve en est dans ce fait, bien établi par des lettres produites plus bas, que personne ne fût, à priori, plus opposé aux nouvelles chartes que le savant archiviste. Il ne dissimula pas sa défiance pour un cabinet d'affaires soi-disant archéologique, tenu par cet ancien avoué sans autorité qu'était M. Courtois. Ce sont ces défiances, confiées à un bout de papier, qu'on a collectionné précieusement. Le savant paléographe se refusa d'abord à étudier la question et, telle était sa prévention, qu'on eut toutes les peines du monde à obtenir qu'il voulut bien prendre connaissance des pièces que s'efforçaient de lui présenter : MM. le Tellier et Courtois par intérêt, les familles par vanité, le roi et les princes pour compléter les premières salles des Croisades qu'on allait inaugurer.

Afin de bien fixer la religion du lecteur sur nos démonstrations, nous lui ferons observer, qu'en consultant les volumes manuscrits de M. Lacabane, surtout le tome III, contenant les brouillons de sa correspondance, il pourra distinguer, en y regardant bien, deux périodes très définies, dans les études que fit ce savant, sur l'authenticité des chartes de croisades en question :

1° L'époque de la prévention et du doute (elle correspond avec les premières études).

2° L'époque de la conviction complète, qui eut lieu avant juin 1842 (et qui persévéra jusqu'à sa mort).

Il est possible, bien qu'aucun fait, aucune pièce ne permettent de l'affirmer, que M. Lacabane ait parfois douté de lui-même et de sa grande œuvre, tout à fait à la fin de sa vie, alors que la vieillesse et la terrible maladie dont il souffrait, avaient troublé gravement ses facultés intellectuelles.

On sait, en effet que, vers 1875, il était tombé dans un alourdissement qui devait peu à peu éteindre ses facultés.

.·.

PÉRIODE DE DOUTE.

Pour prouver la méfiance qu'inspirait au début tout ce qui
sortait du cabinet Courtois¹ à Monsieur Lacabane, nous cite-
rons d'abord au tome III, page 78 et suivantes des in-folio,
les brouillons de lettres ci-après dont la signature et la date
manquent, comme presque toujours².

         « Mon cher ami.

« Je vous ai engagé à ne pas vous laiser aller aux
« avances du Monsieur dont vous me parlez dans votre
« lettre ; c'est l'ignorance jointe à l'esprit de spéculation. Il
« n'a jamais dépendu de lui de faire admettre une famille
« quelconque dans la salle des Croisades........

         « Signé : Lacabane. »

Cette lettre date évidemment de 1841 ou des premiers
mois de 1842 où un grand nombre de noms furent admis
en principe à Versailles, en raison des chartes Courtois. En
voici la preuve, par une lettre de M. de Kergariou, du 23
juin 1842, à M. Aurélien de Courson :

« Je me fais un véritable plaisir, mon cher Aurélien, de
vous annoncer, qu'informé que, dans la collection Courtois, il

¹ Voici les entêtes de ses lettres « L.-H. Courtois, ancien principal clerc
d'avoué, 25, rue Neuve St-Denis — Cabinet d'affaires et de titres généalogiques
— Affaires contentieuses, civiles, commerciales, administratives, recouvre-
ments, recettes de rente, vente et gestion de propriété. »

② Le doute tait d'autant plus permis, que les chartes de croisades se
trouvaient, paraît-il, dans le cabinet Courtois, au milieu d'autres titres
très douteux ; c'est pourquoi M. Lacabane dit plus loin que tout ce qui sort
de ce cabinet n'est pas *authentique bien au contraire.*

Nous ajouterons que toutes les lettres et notes qui suivent sont extraites du
tome III dont nous nous occupons. Seule la lettre de la page 9 à M. Aurélien
de Courson a été publiée ailleurs, c'est-à-dire dans les *Recherches his-
toriques sur la Maison de Courson.* Beauvais, chez Moisan, 1881.

se trouvait plusieurs titres touchant les croisés et qu'on faisait valoir pour être inscrit dans la salle des Croisades qui se fait à Versailles, je suis allé trouver M. Lacabane et je l'ai invité à mettre une grande attention aux pièces concernant notre province et plusieurs familles ; déjà il m'a remis une pièce concernant Guillaume de Kergariou, scellée par lui et une autre concernant les Chrétien. Votre nom fut trouvé dans un autre acte, et d'après mes observations, votre titre vous sera remis gratis et vous serez porté à la salle des Croisés. M. Lacabane pense que vous devez écrire une lettre de remerciements à M. Courtois... »

M. Aurélien de Courson eut alors à fournir, en 1843, à M. Lacabane toutes les preuves dont il est parlé à la fin de notre étude de 1896. Voilà qui est positif et prouve déjà qu'en 1842 M. Lacabane admettait l'authenticité de certaines chartes Courtois.

Voici maintenant le commencement des négociations entre Monsieur Lacabane, désirant communication *de tout* le fonds des croisades, d'une part et messieurs le Tellier et Courtois de l'autre :

« A Monsieur Lacabane, à la Bibliothèque Royale, rue Richelieu.

Paris, 27 juillet 1842.

« Monsieur,

« Monsieur le Tellier m'a fait part du désir que vous aviez,
« dans l'intérêt du travail dont vous vous occupez sur les
« Croisades, de juger la valeur des pièces qui composent mon
« cabinet.

« Voulant satisfaire à ce désir autant qu'il me sera permis
« de le faire, je vous prierai, vu l'éloignement de mon dépôt,
« et la multiplicité de mes affaires, de vouloir bien me faire
« dire par M. le Tellier, votre jour et votre heure, afin de ne
« pas vous exposer à faire une course inutile. Pour ma part
« d'ailleurs, profitant de nos quelques jours d'avance au

« Palais et pensant que les cérémonies qui vont avoir lieu
« vous retiendraient, sans doute comme moi, je vous prie
« de vouloir bien remettre notre réunion à la semaine
« prochaine, heure et jour qu'il vous plaira.

Veuillez agréer....
Signé : Courtois. »

Il est bon de dire ici que M. Lacabane avait reçu, quelques
jours auparavant, le 9 juillet 1842, une lettre de M. Depelchin,
secrétaire des commandements du Prince de Jonville, au
sujet de la collection Courtois ; en voici un passage, il a
trait aux travaux de décoration et de peinture des écussons
dans les salles des Croisades.

« Les peintures s'exécuteront sur place et nous n'aurons plus
« la ressource de faire le moindre changement à notre liste,
« aussitôt le premier coup de pinceau donné.

« Dans ces conditions, vous comprenez, Monsieur, combien
« il est important, dans le travail dont M. Trognon est
« chargé, que si *Monsieur Courtois est disposé à donner des*
« *copies certifiées de pièces qui sont restées jusqu'à ce jour*
« *entre ses mains*, ce soit dans le plus bref délai .. »

Monsieur Courtois en effet avait vendu aux familles plusieurs chartes qu'elles s'étaient empressées de soumettre à
M. Lacabane. Ce dernier, d'abord étonné, apporta tous ses
soins à les examiner et exprima bientôt le désir de dépouiller
le stoc complet du dossier. Il s'agissait donc de se le procu-
rer, malgré les répugnances du propriétaire, afin de pouvoir
achever la décoration des nouvelles salles de Versailles.

Voici la réponse, de M. Courtois, le 23 août 1842.

« ...... Mon parent est disposé, comme moi, à faire ce
« *que vous désirez*[1] ; mais il voudrait préalablement s'entendre

---

[1] M. Courtois était doublé d'un conseiller, homme d'affaires, qui veillait à
ses intérêts ; c'est, comme le dit M. Lacabane, l'esprit de spéculation de ces
deux hommes qui donnait lieu aux plus grandes préventions. On conçoit à
quel point il fallut que les caractères d'authenticité des chartes de croisades
fussent probants pour que, malgré les apparences, leur valeur fût admise.

« avec moi et avec vous, Monsieur, sur quelques points;
« entre autres sur le désir qu'il a de procéder, d'accord avec
« vous, au dépouillement des titres des Croisades.... »

M. Lacabane semble avoir répondu de nouveau, d'une
façon précise, comme paraît l'indiquer la lettre qui suit :

    « A Monsieur Lacabane, à la Bibliothèque Royale, Paris.

                « Paris, 5 janvier 1843.

    « MONSIEUR,

  « Je connais trop, par expérience, votre désintéressement
« et votre honneur pour ne pas remettre entièrement les
« intérêts de mon cabinet entre vos mains.

  « Je vous autorise à faire de toutes celles [les pièces] qui
« m'appartiennent et, en tant que vous le croirez de droit,
« de toutes celles qui seront sorties de chez moi, l'usage que
« vous jugerez convenable pour toute publication scien-
« tifique.

  « Je vous serai seulement obligé, Monsieur, de vouloir
« bien me donner avis de tous les parchemins que vous
« désirez conserver et des noms qu'ils renferment.... »

                Signé : COURTOIS. »

A la quatrième page de cette lettre, Monsieur Lacabane
(ou tout autre) aurait tracé les quelques lignes ci-dessous qui
démontreraient une grande inconscience.

  « Je n'ai pas besoin de dire que je n'ai pas accepté la pro-
« position de Monsieur Courtois. Je n'ai aucun besoin de
« ses titres et je ne comprends même pas pourquoi il me
les a offerts. » On avouera qu'il est difficile de prendre cette
note au sérieux ; elle est en contradiction avec les lettres qui
précèdent. Nous serions donc ici en présence d'un flagrant
délit de mensonge, car M. Lacabane était manifestement, par
ce qui précède, en relations avec M. Courtois, depuis six ou
sept mois ; mais l'écriture tremblée et peu ressemblante à

celle des lettres du savant, me font supposer plutôt, ou que la note n'est pas de lui, ou qu'elle a été écrite, et c'est ma conviction, par M. Lacabane, très âgé, privé de sa mémoire et de ses facultés. Il n'y aurait pas lieu alors de s'étonner de pareilles contradictions, ni d'en tenir compte.

Voici, maintenant, une lettre du 18 juillet 1843, à l'adresse de M. Lacabane :

« MONSIEUR,

« M. Le Tellier m'a fait part du désir que vous avez de « consulter un document que *des motifs particuliers* m'ont « engagé à ne pas faire connaître et dont il vous a donné avis « par *une indiscrétion blâmable*.

« J'ai communiqué sans réserve, à vous seul, Monsieur, « comme je m'y étais engagé, toutes les pièces que vous « m'avez fait demander[1]. « Une seule des pièces était de nature à porter préjudice à mes intérêts.

« J'ai pu la réserver, *sans manquer en rien à mes pro-* « *messes*, et ce droit de ma propriété est si juste, son sen- « timent si profond chez moi,... (illisible) que je crois ter- « miner une question, que j'ai résolue d'ailleurs, en faisant « disparaître ce document, ainsi que quelques pièces *com-* *promettantes pour des personnes qui existent encore*.

« Il ne serait pas juste, Monsieur, que j'eusse moins de « soins pour mes intérêts que pour ceux d'autrui.

« Signé : COURTOIS. »

Cette lettre est une preuve accablante du mensonge signalé plus haut, si la note est de M. Lacabane.

Ainsi M. Lacabane s'était mis à l'œuvre avec ardeur et

---

[1] Ainsi se trouve confirmée l'assertion émise dans la première partie de ce travail, en 1896, où il était dit qu'une liste complète des Croisés avait été établie par M. Lacabane, ayant eu tous les titres entre les mains. La liste est du reste devenue superflue, tous les titres existant au dossier du tome III et ayant été classées et numérotées.

pour cela, il avait exigé, avec acrimonie, et obtenu, communication des chartes de la collection Courtois, sans exception. Il les copia de sa main et je les ai toutes vues dans le tome III des volumes tenus secrets

Au sujet des pièces que l'ex-avoué ne voulut pas communiquer, une lettre du savant archiviste nous apprend qu'il existait un secret « qu'il croyait avoir deviné » ; mais il ne jugea pas devoir le confier à une feuille de papier.

Il s'agissait, évidemment ici, de la caisse contenant les chartes de croisades, volées aux archives ou dans une banque de Gênes, de 1793 à 1796 ; nous en avons parlé dans notre premier travail.

On peut s'assurer aujourd'hui, auprès de M. de Simoni, archiviste de la ville de Gênes, des regrets que lui inspirent les vols commis par les soldats de Bonaparte. Il confirme que les dossiers les plus précieux de la ville, dont plusieurs relatifs aux Croisades, ont été alors transportés à Paris, ce qui confirme aussi nos renseignements et explique encore l'apparition « si opportune » des chartes.

Les vérifications scientifiques eurent lieu sans retard, comme le prouve la note ci-après de M. Courtois, portant la date du 23 janvier 1843.

« Je donne toute autorisation de soumettre à l'examen « d'une commission les pièces des croisades m'appartenant et « dont M. Lacabane *a bien voulu prendre note de la totalité*[1].

« Je mets seulement pour condition qu'il sera fait mention « au procès-verbal des détériorations résultant des expé-« riences qui auront lieu... (illisible) et copie réservée des « pièces. »

Signé : COURTOIS. »

Que le lecteur veuille bien me permettre de lui rappeler ce que disait, au sujet des expériences faites à cette occasion, le savant archiviste paléographe de la Bibliothèque Royale de

---

[1] Nouvelle affirmation de la liste établie par M. Lacabane.

Turin[1], l'abbé Gazzera, qu'on n'accusera pas, je pense, d'être complice d'une escroquerie quelconque.

« M. Lacabane s'était trouvé dans le cas d'examiner ces
« titres *à loisir*, un à un et de les soumettre à l'investiga-
« tion rigoureuse de la critique historique et diplomatique ;
« son avis leur fut toujours favorable. Et cependant, bien que
« l'autorité d'un homme aussi distingué et la force de ses
« arguments *en faveur des parchemins Génois* eussent
« presque totalement dissipé mes doutes, ils ne disparurent
« entièrement que lorsque, grâce à M. Lacabane, je fus mis à
« même de pouvoir, tout à mon aise, visiter, examiner, étu-
« dier ces parchemins.

« Il est impossible, pour peu qu'on ait des connaissances
« pratiques en matière d'anciens titres, de ne point renoncer
« à toute espèce de doute, en présence de ces vénérables re-
« liques dont les caractères de vétusté et les traces non équi-
« voques du temps sont tels, que l'esprit le plus scrupuleux
« est obligé de se rendre à l'évidence de la vérité.

« Les parchemins sont vieux et usés ; l'écriture est contem-
« poraine des faits qu'ils mentionnent.

« On ne saurait non plus méconnaître les autres caractères
« d'authenticité qui sont mis en évidence *par l'étude cons-
« ciencieuse des faits, des lieux, des temps, des personnes, des
« pratiques, des usages, etc.*, circonstances qui concordent
« toutes parfaitement entre elles et avec l'histoire dont elles
« forment souvent *le complément nécessaire.*

« L'identité des personnages qui y figurent et qui pa-
« raissent et agissent toujours dans les lieux où ils ont dû se
« trouver en effet ; exactitude dans les dates[2] dans les détails
« géographiques ; allusions précises et certaines à des faits
« contemporains et antérieurs ; c'est par de telles critiques
« et d'autres encore que les précieux titres des croisades sont
« sortis victorieux. »

Nous arrêtons ici la citation pour ouvrir une parenthèse :

Si ces titres étaient faux, ils ne formeraient pas comme le dit M. Gazzera *le complément nécessaire de l'histoire ;* ils ne nous permettraient pas, par conséquent, en nous basant sur eux, de découvrir d'autres faits jusqu'alors inconnus dont l'exactitude et la concordance parfaite a été démontrée depuis.

Il est évident, en effet, que si l'une des données d'un problème est fausse, la solution ne peut être juste, ni pratique.

Or, nous mettons en note ci-dessous, pour ne pas distraire l'attention du lecteur de notre thèse générale, la preuve qu'avec les don.:ées des chartes Courtois, des problèmes ont été résolus, et résolus avec des résultats pratiques et tangibles, ce qui n'eut pas existé si la donnée première eut été fausse[1].

---

[1] L'an 1249, quatre croisés bretons, nommés « Oliviérus de Guité, Eudo le Déan, Robertus Corsonis, Petrus Peregrini » passèrent avec Hervé, marinier de Nantes, l'une de ces conventions dites chartes de nolis, pour leur transport de Limisso, en Chypres, à Damiette en Egypte.

Olivier de Guité, comme gage du paiement apposa son sceau au bas de l'acte précité (le sceau manque du reste).

Disons en passant que si les chartes de nolis, relatives au navire d'Hervé de Nantes (navire qui se nommait la *Pénitence de Dieu*), ont été conservées jusqu'à nous, de préférence à d'autres, très nombreuses sans doute, c'est apparemment parce que le comte de Bretagne, Pierre Mauclerc, le montait également. Ce navire fit-il une ou plusieurs traversées? Nous l'ignorons. Ce qui est certain, c'est qu'un grand nombre de chevaliers bretons et leur suite s'y embarquèrent. Une foule d'autres seigneurs bretons montèrent sans doute sur d'autres navires ; mais seuls les noms de ceux qui se rendirent à Damiette, sur le même bateau que Pierre Mauclerc et qui formaient, pensons-nous sa garde, nous sont parvenus.

Or, pour donner une caution à Hervé, patron du navire, les croisés furent obligés de se cotiser pour ainsi dire, de se former par groupes de gens du même terroir, parce qu'ils étaient à même d'entrer ainsi en affaires, connaissant *de visu*, les uns et les autres, la valeur des terres qu'ils possédaient en Bretagne, terres qui, à cette époque, représentaient à peu près seules la fortune des nobles.

Celui à qui il appartenait de signer ces engagements, en y apposant la garantie de son sceau, était évidemment le plus qualifié, le plus grand seigneur du groupe.

Dans la charte de 1249 précitée, le prétendu faussaire ne s'y est pas mépris, et, c'est bien Olivier de Guité qui scelle la charte, comme cela devait être, ce qui indique, déjà de la part du faussaire une connaissance très approfondie des familles et de l'histoire. Ensuite, cet escroc a fait un tour de

L'impossibilité matérielle pour un faussaire de connaître les familles à un tel point sautait si bien aux yeux, que l'abbé Gazzera s'écriait, dans un compte-rendu officiel, adressé au roi de Sardaigne, en février 1844 :

« Telle est, en effet, la somme d'érudition et *de notions de « toute espèce* en matière d'histoire, de langue, de généa-

force : il a su réunir, sous le gonfanon de Pierre de Bretagne, quatre écuyers dont les deux premiers sont incontestablement bretons : O. de Guité et E. le Déan, mais dont les deux derniers sont d'origine normande ; pourtant, il est tombé juste car, de ces deux Normands, l'un du moins, Robert de Courson, est devenu breton, peu avant la Croisade et est du même terroir que les deux premiers, ce que l'imposteur ne pouvait savoir. Pour le coup ce faussaire est non seulement un savant, mais un sorcier.

Tout tendait à faire supposer en effet au fabricant des chartes que Robert de Courson ne devait pas être du même groupe que O. de Guité et E. le Déan, puisque Courson est en Normandie, tandis que ce nom de lieu n'existait pas en Bretagne : puisque le cardinal Robert de Courson, légat à la V° croisade, était de famille anglo-normande ; puisque le Doomesday-Book cite ce nom parmi les familles normandes, possessionnées en Angleterre, dès 1080 ; puisque diverses chartes normandes citent des seigneurs de ce nom en basse Normandie, aux XII° et XIII° siècles ; enfin parce qu'ils pouvaient savoir que les descendants directs des Coursons normands de 1066 existent encore de nos jours en Angleterre ; nombreux pourvus de pairies, alliés aux familles ducales et fort connus dans la politique au XIX° siècle.

Tout semblait donc engager les faussaires à faire de Robert de Courson un normand, par conséquent à le mettre sous la bannière du roi de France et non de Pierre Mauclerc. Par contre, nulle part, avant 1423, le nom de Courson ne paraissait avoir été prononcé en Bretagne, car c'est, depuis un an seulement, qu'une charte de 1306 dont nous parlerons plus bas, a été découverte, aux archives de Nantes, par M' Léon Maître, archiviste de la Loire-Inférieure. Faire de Robert de Courson un breton devait donc paraître une faute et pourtant le prétendu fabricant l'a faite, devinant pour ainsi dire la vérité. Quant à moi, ayant la conviction absolue que les chartes Courtois étaient authentiques, je me suis basé sur celle de 1249 précitée, pour chercher à distinguer dans l'histoire comment le nom de Courson, tout à fait normand, était apparu dans le pays de Goëllo, où le trouvèrent, en 1423 et 1427, les anciennes réformations de cette province.

Eh bien, avec cette donnée, que l'on prétend fausse, je suis arrivé à une solution juste. Le problème ayant été résolu complètement, il est donc inadmissible, on l'avouera, que la donnée soit apocryphe. La solution obtenue par moi est que les Coursons, en quittant la Normandie s'établirent au XIII° siècle dans un terroir quelconque, non loin des compagnons de Robert de Courson, c'est-à-dire d'Olivier de Guité, de Pierre le Déan. Des découvertes récentes ont confirmé cette déduction, on va le voir.

En effet : la charte de 1249 nous a fait trouver, à n'en pas douter, le nom de Courson, écrit, il est vrai, comme celui de Courcy, dans une charte

« logie, de faits secrets et presque ignorés, et dont la
« connaissance ne saurait être que le résultat de longues
« recherches, de pénibles confrontations de livres, de ma-
« nuscrits, de diplômes enfouis dans la poussière des ar-
« chives ; telle est encore la consommation inconcevable de
« temps et la supériorité dans l'art d'une calligraphie, *parti-*

de 1230, ce qu'évidemment, par suite de cette orthographe, les faussaires ne pouvaient discerner. Cette charte se trouve dans dom Lobineau (t. ii, col. 143).

Elle a trait à une donation, souscrite dans la forteresse de Bécherel, par
Raoul de Dinan, de la dîme de Ploasne, en faveur du monastère majeur de
Marmoutiers. Robert de Courson (écrit Robertus de *Corceio*) et Hervé de
Guité y signent, comme témoins. Les deux noms s'y trouvent donc réunis
comme dans la charte de 1249.

Mais, pourquoi, en 1830, traduisons-nous, dans la charte, de *Corceio* par
le nom de Courson, alors que Corceio veut plutôt dire Courcy, d'après l'orthographe, peu fixe du reste, du moyen âge?

En voici la raison : d'abord, la façon d'écrire Courcy et Courson a été
souvent l'objet de confusions, de la part des scribes, si bien que dom Bouquet,
donnant une charte où est écrit « Robertus de Curci, in monté cœlio pres-
byter cardinalis », a corrigé en marge, où il a mis *Robertus de Corcon*.
Ensuite après avoir lu, dans dom Lobineau la charte de 1230, où il est question de Ploasne, il nous est tombé sous les yeux une charte de 1289 (*Anc. év.
de Bretagne*, t. VI), où il est question encore de la même dîme de Ploasne et
d'un chemin dit de Courson : « Cheminium *de Corsone* » voisin d'une terre
des Cressonnières, de la même paroisse, laquelle terre dépendait du fief de
Beheacie dont *un Guité était seigneur !*

N'est-il donc pas visible, puisque le nom de Courson indiquait l'existence
d'une famille de ce nom en Ploasne, que le témoin de la charte de 1230, relative à la dîme de cette paroisse, était un Courson plutôt qu'un Courcy, nom
inconnu en Bretagne avant et après les anciennes réformations du duché. Mais
la solution ne serait pas complète, si elle n'était de plus en plus corroborée
par d'autres preuves, qui en sont toujours le corollaire et démontrent la valeur du renseignement fourni par la Charte des Croisades de 1249.

En effet, mis sur la piste et voulant voir confirmer le séjour des Coursons
émigrés de la Normandie, dans le pays de Dinan, c'est-à-dire à Ploasne, j'ai
encore appris que la première femme de Guillaume Courson, s' de Lif-
fiac*, petit-fils du premier de son nom, cité en Plélo à la réformation de 1423,
comme ayant épousé (vers la fin du XVe siècle sans doute) « *une fille de la
maison de la Bazouges*, d'ancienne chevalerie », s'appelait Jeanne de Bintin,
dame de la Rivière, sur le Couesnon, aux confins de la Normandie Or il se
trouve que les Bintin étaient, eux aussi, propriétaires en Ploasne ; René de
Bintin y possédait le lieu noble de la Boulais, lors des anciennes réformations
du XVe siècle. C'est à peu près l'époque où les Coursons parurent pour la première fois dans l'évêché de Saint-Brieuc, à Plélo.

C'est le hasard qui fit tomber sous mes yeux, il y a 5 ans, la généalogie de

* Cité aussi comme devant 3 boisseaux de froment en 1499, dans les Comptes
de l'abbaye de Beauport.

(100)   2

« *culière à chaque pièce*, qu'il eut fallu pour créer tous
« les documents en question, s'ils n'eussent pas existé, qu'un
« homme, possédant autant d'érudition et de talent et des
« qualités si multiples, eut pu les employer bien plus utile-
« ment, bien plus aisément pour lui de toute autre manière,
« que dans la fabrication d'un aussi grand nombre de

Bintin, famille éteinte, depuis plus d'un siècle. J'ignorais donc jusqu'alors
quelle était le nom patronymique de cette « fille de la maison de la Bazouges »

Mais on pourrait encore douter du séjour de Courson dans l'évêché de
Saint-Malo de Dinan, aux XIII° et XIV° siècles, si un nouveau jalon ne nous
avait été fourni dernièrement. Il s'agit de la charte de 1306 dont nous avons
parlé plus haut, dans laquelle on voit un Jean de Courson (écrit ici avec la
particule) prieur de Jugon *non loin, à l'ouest, de Dinan*, qui fait un accord
avec le duc de Bretagne (Archives de la Loire-Inf., série E., liasse 21).

Qu'on veuille bien encore remarquer que ce passage des Coursons normands
en Bretagne est inléniable par suite des faits suivants :

De 1220 à 1225, trois chartes latines des archives du Calvados nous
montrent un certain Hubert de Courson, seigneur et patron de la paroisse
de Notre-Dame de Courson, près Lisieux, abandonnant et vendant ses droits
honorifiques et seigneuriaux, comme s'il se disposait à quitter le pays.

Et de fait, jamais, depuis 1225, le nom de Courson ne paraît plus dans
aucune charte de Lisieux, ni même de Normandie, pas plus que dans les
registres des premières réformations de la noblesse. Mais cette disparition
de la Normandie coïncide à peu près avec l'apparition du nom de Courson
en Bretagne, on vient de le voir (Chartes de 1230, 1249, 1289, 1306). Or, les
Coursons anglais, descendants des Coursons de Normandie, pays dans lequel ils
avaient *conservé leurs terres et leurs habitudes, portèrent aux XIII° et XIV°
siècles et portent encore pour armes trois chouettes.* (V. *Hist. d'une Maison
bretonne*).

Les Courson descendants de Guillaume, qui épousa Jeanne de Bintin,
portent *également trois chouettes.*

Cette dernière particularité, cette similitude d'armes n'est-elle pas con-
cluante et n'indique-t-elle pas clairement l'origine normande commune des
Coursons? Ainsi, c'est la charte de 1249 qui a conduit à la découverte de
tous ces faits, faits dont l'*enchaînement logique n'est pas niable.* Je le demande, après cela, peut-on admettre chez un faussaire une connaissance
aussi approfondie, aussi intime d'une maison? Peut-on croire qu'il ait
placé, au XIII° siècle, un Courson en Bretagne, ce qui paraissait une erreur
indubitable (apparence que des faussaires auraient dû fuir avec soin), et
nous ait conduit, ainsi par hasard, à la vérité? Pour ma part, j'ai mis vingt
ans à faire l'histoire des *Origines de la maison de Courson* et je n'admets pas
qu'il ait été possible avant moi de deviner qu'il y eut au XIII° siècle des
Courson voisins des Guité et des le Dean, dans le pays de Ploasne.

Quant au quatrième compagnon d'Olivier de Guité, Pierre du Pélerin, j'ai
dit, dans l'*Histoire d'une Maison bretonne*, que je pensais qu'il était Normand d'origine, car il y eut des Pélerin, des le Pélerin et des du Pélerin

« pièces, dont la valeur présumable était fort au-dessous du
« travail qu'une semblable fabrication aurait exigé.

« Au surplus, je n'entends nullement me rendre garant du
« petit nombre de fabrications dont ces titres génois pour-
« raient, après coup, avoir été l'objet, quand on sut le haut
« prix auquel furent achetés ces documents, en raison du

en basse Normandie et non loin de Coutances. M. Pol de Courcy, dans sa deuxième édition, attribuait ce croisé à la maison de Bastard. Mais il s'est dédit formellement depuis, dans une lettre qu'il m'a écrite et dans la 3e édition de son *Nobiliaire*.

Il est très possible pourtant que la famille de Bastard, dont je ne connais pas l'histoire, et qui descendrait des seigneurs du Pélerin, près Nantes, puisse prouver que ledit Pierre était des leurs. Cela n'infirmerait nullement ma thèse, car il est évident que, si trois des croisés étaient voisins de campagne, le quatrième devait l'être aussi, étant venu s'établir dans l'évêché de Saint-Malo de Dinan, aussi bien de Nantes que de la Normandie, par alliance ou autrement. Le peu de connaissance que j'ai de cette antique maison ne m'a pas permis de faire des recherches à ce sujet.

Après avoir lu tout ce qui précède et qui concerne la maison de Courson, on pensera que l'auteur de cet article a écrit *pro domo*. Tant pis ! Mais j'aurais éprouvé, pour étudier une autre famille que la mienne, les mêmes difficultés que les faussaires ont dû rencontrer pour découvrir tout ce qu'ils sont supposés avoir pu trouver sur la maison de Courson.

Je n'ignore pas que beaucoup de familles de croisés, comme on va le voir, ont fait elles-mêmes des rapprochements analogues à ceux qu'on vient de lire ; quant à moi, j'ai cru devoir, dans l'intérêt de ma thèse sur l'*Authenticité des titres Courtois*, donner les preuves que je possédais le mieux. Du reste, M. Lacabane ne s'est-il pas adressé lui-même aux familles pour leur demander à elles-mêmes leurs preuves, bien loin de pouvoir faire les recherches, de sa personne, avec une égale compétence.

C'est ainsi que M. le comte de Saint-Saud, un érudit de la Dordogne, auteur d'un beau volume de *Généalogies Périgourdines*, m'a écrit ceci, en 1898 :

« J'avais... établi les premiers degrés de la généalogie de Ségur, au
« XIIIe siècle, d'après la charte Courtois des croisades, concernant cette fa-
« mille. Or, un document de 1319, rappelant les degrés du XIIIe siècle, vient
« de me passer sous les yeux et j'y trouve la confirmation de ce que j'avais
« induit..... »

Cte DE SAINT-SAUD.

Château de la Valouze, par la Roche-Chalais (Dordogne).

Monsieur P. de Lisle du Dreneuc, le savant conservateur du musée archéologique de Nantes, étudiant la charte de nolis de 1249, où figure son nom à la Bibliothèque Nationale, sous le n° 17803, fol. 102, du fonds latin, a écrit, à ce sujet, les lignes suivantes :

« Pour prendre ainsi l'engagement de se servir de caution les uns aux
« autres, il fallait que les croisés choisissent comme associés ceux de leur
« pays dont ils connaissaient les biens et qui, par conséquent, étaient leurs

« droit qu'ils conféraient, pour ainsi dire, aux acquéreurs
« d'être placés dans les salles des Croisades du musée de
« Versailles. On doit même dire que plusieurs de ces chartes,
« concernant la Belgique, ont été signalées par le savant
« baron de Reiffenberg comme ayant été falsifiées ; je ferai
« observer que, s'il existe de pareils titres, ils sont en petit
« nombre. Ils auraient dû être immédiatement reconnus pour
« apocryphes, quand on a vu et examiné les documents au-
« thentiques et inattaquables de la collection Courtois. »

Toutes les recherches, toutes les expériences possibles,
M. Lacabane les fit d'autant plus sérieusement qu'il avait
moins cru d'abord à l'authenticité du chartrier *Courtois*.

La preuve de ces recherches préliminaires, de ce contrôle, se

---

« proches voisins. Les compagnons de Raoul de Lisle, les Martel, le Nor-
« mant et Jaril, de familles éteintes maintenant, étaient possesseurs de
« biens dans les deux paroisses de Hénan-Bihen et Henan-Sal, les plus voisines
« de celle de Saint-Aaron où nous trouvons les de Lisle possédant des terres,
« dans les chartes du XII° siècle.

« Comme il eut été impossible de deviner sur quels documents repose cette
« coïncidence du voisinage de nos quatre croisés, il y a là une preuve absolue
« d'authenticité et aussi d'identité avec les de Lisle ici mentionnés... » P. DE
LISLE DU DRENEUC — Nantes.

Monsieur le Vte Urvoy de Portzampare, auteur d'une remarquable étude sur
la *Maison de Trogoff* publiée dans la *Revue Historique de l'Ouest*, a fait des
observations analogues, à propos d'une charte de nolis qui porte son nom.
Le faussaire, alors que le *Nobiliaire* de Mr de Courcy n'avait pas encore été
publié, alors que les édits de réformation de la noblesse bretonne n'étaient
point à la portée de tous et, qu'en tous cas, les archives n'étaient point cataloguées et ne comportaient point de tables, ce qui rendait les recherches
pénibles, aurait confectionné une charte, où, par l'effet du hasard, il aurait
groupé quatre écuyers, tous voisins de terroir : Robert de Keredy, Guillaume
la Vache, Alain Drouet, et Etienne Urvoy. En effet dans différentes chartes
ou actes on trouve : un Keredy à Yffignac en 1428 ; un la Vache à Crehen
et à Plelan, en 1427 ; un Drouet à Lamballe en 1381. Les Urvoy n'ont cessé,
de l'an 1200 à l'an 1898, d'être représentés à Lamballe.

MM. de Lisle et Urvoy semblent, pour les raisons que je viens d'indiquer,
mériter au même titre que d'autres Bretons, dont les noms sont cités aux
anciennes réformations de Bretagne, de figurer à Versailles.

J'ai cité de nombreux exemples analogues, dans l'*Histoire d'une Maison
bretonne et de ses Origines anglo-normandes* ; nous y renvoyons le lecteur.

Voilà donc les pièces qualifiées fausses ! On voit quel discernement, quelle
connaissance des lieux et des familles, il eut fallu aux prétendus faussaires
pour arriver à ne pas commettre des erreurs dans une question aussi déli-
cate ! C'est là ce que Mr Gazzera trouve impossible à réaliser.

retrouve entière dans les in-folio précités. M. Lacabane, en effet, s'est rendu aux Archives du Royaume Il y a examiné, comme terme de comparaison, de nombreuses chartes et en a copié trois de sa main. Beaucoup d'autres furent transcrites par des scribes, d'après ses ordres et nous les retrouvons réunies dans les dossiers secrets que nous avons compulsés.

Toutes les chartes relevées par les soins de M. Lacabane sont classées sous la rubrique suivante, dans le tome III : « Chartes des Archives Nationales que M. Lacabane croyait avoir servi de modèle. »

En marge d'une charte, feuillet 80, comprise dans le même bordereau, on lit :

« Cette pièce aura certainement servi de modèle pour la « fabrication de celle qui concerne les chevaliers croisés al- « lemands, si cette dernière est fausse, comme je le crains « beaucoup.

« Même main que celle qui a écrit la charte de Philippe- « Auguste pour les chevaliers allemands. »

En marge de la charte 83, on peut lire : « Cette charte que « j'ai copiée moi-même aux Archives du Royaume, a évidem- « ment servi de modèle pour la fabrication de la fausse charte « de *Mornay*, en supposant que les chartes du cabinet Cour- « tois soient le produit d'une fabrication moderne, ce dont « malheureusement je ne puis guère douter. C'est au moyen « de la même pièce qu'on aura combiné le texte des trois ou « quatre petites obligations *per fidem*, concernant des cheva- « liers de Flandre » (*annotation sans date*).

Puisque la charte de Mornay, qui portait un sceau bien conservé, fut reconnue authentique, avant juillet 1843, *de l'avis même de M. Lacabane* et servit à l'inscription de ce nom à Versailles, on a ainsi la preuve évidente que les annotations en marge ci-dessus datent bien de la période de recherches et de doutes, c'est ce que nous voulions démon- trer. Le même revirement eut lieu, dans l'esprit du savant, pour les noms des chevaliers allemands, que l'on voit figurer à Versailles, après jugement favorable, émané de lui.

A moins de prétendre que M. Lacabane est un indigne
faussaire patenté, un escroc éhonté (et au contraire sa noble
indépendance est connue), il est impossible de ne pas se
rendre à notre démonstration tendant à prouver que, si le savant a décrié ces chartes d'abord, il les a reconnues authentiques ensuite, de même que celles concernant les chevaliers
espagnols.

M. Gazzera dit en effet, à l'égard de ces dernières :

« Outre les pièces concernant la France, qui sont les plus
« importantes, il y en a d'autres qui regardent des chevaliers
« espagnols et qui sont *écrites dans la langue catalane du*
« *treizième siècle*, encore grossière, il est vrai, mais cepen-
« dant déjà formée, avec son génie et son allure particulière,
« ainsi qu'après examen, l'ont déclaré plusieurs savants de
« la péninsule. . . .

« Maintenant et après tout ce qui précède, on peut croire,
« selon moi, que la sincérité et l'authenticité des pièces de la
« collection Courtois *ne sauraient être l'objet d'aucun doute,*
« quand on cherche consciencieusement la vérité. En effet,
« en présence d'un si grand nombre de titres, *relatifs à des*
« *pays différents,* à tant de familles dont beaucoup sont éteintes
« ou pauvres et obscures, au milieu de la grande variété de
« faits, de dates, de lieux, de personnes et de choses qui y
« sont mentionnées, *il faudrait un bien plus grand effort d'i-*
« *magination pour* supposer que ces titres sont faux et apo-
« cryphes, que pour les admettre comme véritables et sin-
« cères. »

Feuillet 85 du t. III. — *Grosse écriture un peu dissemblante*
de celle des lettres de M. Lacabane : le format est plus petit
qu'un quart de feuille de papier écolier (Pas de date).

« Ces pièces ont été copiées aux Archives du Royaume par
« M. Douet d'Arcq.

« Il y en a quelques-unes qui ont servi de modèle, quant
« au texte, pour les chartes Courtois dont la non authenticité
« me semble désormais démontrée. »

C'est, on le voit, la suite du travail de vérification dont les deux notes qui précèdent nous ont permis de déduire la date.

Nous ferons observer, au sujet des lignes qui précèdent, qu'il n'y a rien de plus semblable à un acte notarié, à une pièce de justice, à une pièce de banque, qu'une autre pièce du même genre. Actuellement encore on trouverait, par exemple, un grand nombre de contrats de mariage, d'actes de ventes, etc , presque identiques.

Qu'y a-t-il par conséquent d'étonnant à ce que plusieurs chartes analogues du XIIIe siècle se ressemblent, puisque nous voyons le même phénomène se produire de nos jours ?

Il faut donc ranger les trois annotations qui précèdent dans la période d'étude et de vérification du fonds Courtois par M. Lacabane, cela me semble indiscutable.

Feuillet 99 du t. III. *Grosse écriture peu ressemblante à celle des lettres de M. Lacabane ; le format est à peu près celui de quart de feuille. (Pas de date).*

« Pièces et notes pour servir à contrôler la collection
« Courtois, sur l'authenticité de laquelle j'ai les plus grands
« doutes, doutes qui me sont malheureusement venus trop
« tard. »

C'est toujours la même chose, le même travail, le même doute, à l'époque de prévention. En tout cas, ce bordereau ne contient aucune pièce infirmant l'authenticité des chartes Courtois.

Malheureusement, celui qui a classé le tome III des brouillons de M. Lacabane et qui l'a fait relier, n'a pas laissé, très souvent les pièces, dans ces espèces de bordereaux, en sorte qu'il nous est souvent impossible de savoir de quoi il s'agit. Il n'y a pas de date ici (non plus que de signature du reste) ; mais on voit, dans l'annotation du feuillet 99, qu'il est question, comme plus haut, de la vérification et du contrôle de l'authenticité des chartes de croisades, opération qui a eu lieu surtout entre 1842 et 1843.

A quoi fait allusion M. Lacabane, quand il dit qu'il s'est

aperçu *trop tard* de la non authenticité. On pourrait disserter à l'infini sur ces deux mots et chercher à insinuer que la présente note est un désaveu infligé par le savant à son œuvre *une fois achevée*. Mais trop tard n'est pas une date ! et on se heurte alors à ce dilemme : ou M. Lacabane a reconnu son erreur et alors pourquoi ne s'est-il pas désavoué lui-même, au lieu de la continuer jusqu'après 1870, ce qui serait une indignité ; ou bien il a persisté dans l'opinion émise lors de la création des salles des Croisades et alors cette note a été écrite par lui à l'époque où comme je ne cesse de le répéter, il examinait la collection Courtois, ce qui paraît bien plus plausible. Dans tous les cas, l'absence de date interdit la discussion.

Feuillet 100 — *sorte de bordereau mal écrit sur 1/2 feuille.*

« Dépouillement de toutes les pièces de Croisades provenant
« du Cabinet Courtois ; garder ces copies pour comparer
« avec les originaux qu'on pourrait produire dans la suite,
« Courtois m'ayant assuré qu'il ne lui restait plus aucune
« autre pièce des Croisades.

« Il n'y en a que trop, je les crois toutes fausses. »

Ce qui suit paraît d'une autre écriture :

« J'avoue que si j'avais eu, au moment où se faisait le tra-
« vail pour Versailles, le temps de faire subir à ces pièces
« l'examen que j'en ai fait depuis, j'eusse conseillé de n'en
« accepter aucune.

« Quelle effrayante habileté si ces pièces sont fausses. »

Le premier paragraphe n'a rien qui puisse nous étonner ; c'est au contraire une sage précaution contre les faussaires qui voudraient introduire des familles à Versailles, au moyen de pièces fabriquées, précaution qui indique, chez M. Lacabane, cette pensée que les chartes sont peut-être authentiques.

Cependant, l'expression sur la valeur des chartes est nette : « il n'y en a que trop, je les crois toutes fausses. »

On peut penser que le deuxième paragraphe a été écrit assez longtemps après le premier, et peut-être par un autre que M. Lacabane, car ni l'écriture, ni l'encre ne nous paraissent les mêmes. Le premier paragraphe est une inscription, faite pour indiquer les pièces destinées à l'examen, de 1842 à 1843, semble-t-il ; le deuxième est un jugement exprimé postérieurement à l'inauguration des salles des Croisades. C'est là ce que désiraient démontrer les adversaires de la collection Courtois. On se trouverait ainsi, réellement, en présence d'un repentir de M. Lacabane.

Mais la date de ce repentir est bien loin d'être aussi précise qu'on voudrait le faire croire et, du reste, le dernier paragraphe où M. Lacabane dit : « Quelle effrayante habileté si ces pièces sont fausses », en diminue considérablement la portée. Ce ne serait plus un repentir, mais un simple doute.

Evidemment, ces tergiversations, comme les précédentes que le brouillon nous révèle, par une sorte d'indiscrétion, sont dues à des causes qui nous échappent, peut-être à des objections nouvelles et embarrassantes, objections qui, peu après, ont pu être résolues et ont pu faire de nouveau tourner la girouette. Mais, je le répète, tout cela se passe dans la coulisse, demande à être expliqué et M. Lacabane n'a rien expliqué.

Sans ergoter sur les mots et tout en exprimant notre étonnement de ce que le savant archiviste ait pu faire une si effrayante volte-face, *sans en donner le motif*, nous ferons remarquer d'abord que, si c'était vraiment un repentir, il serait en contradiction formelle avec tous les actes de M. Lacabane, comme juge des inscriptions à Versailles, de 1845 à 1870, et il faudrait qu'il fût devenu inconscient.

Il se pourrait pourtant que dans les dernières années du savant, très impotent, et l'esprit alourdi, le doute lui soit revenu. Mais alors, il n'a pour nous aucune valeur, du moment qu'il serait le produit de son cerveau fatigué.

Ensuite, le 2ᵉ paragraphe contient une affirmation absolument inexacte et en contradiction flagrante avec les faits, quand M. Lacabane dit qu'il *n'a pas eu le temps* de faire subir à ces titres un examen approfondi. En effet, c'est le 28 janvier

1843 que M. Courtois, après avoir mis bon nombre de chartes dès juin 1842 à la disposition du directeur du cabinet des titres, autorisa, comme il est dit plus haut, ce savant archiviste à faire expertiser le reste de sa collection, à lui faire subir des épreuves diverses et ce n'est qu'à la fin de 1844 que ce dernier termina ses travaux. Les expériences ont donc duré deux ans environ. Du reste, pour répondre à l'assertion relative au temps dont disposaient les experts, n'avons-nous pas vu M. Lacabane et autres savants rechercher aux Archives du Royaume tout ce qui pouvait infirmer l'authenticité des titres Courtois. Nous avons cité, dans notre premier travail de 1896, les vérifications minutieuses faites sur l'écriture, sur les parchemins, sur les papiers de coton, sur les sceaux et leur cire etc. M. Gazzera a constaté également « qu'il a pu faire à loisir toutes les expertises. » C'est un témoin plein d'autorité !

Comment donc alors la note du feuillet 100 du tome III, des *Chartes de Croisades*, vient-elle nous dire que M. Lacabane n'a pas eu le temps de contrôler à loisir les titres Courtois ? Ou cette note est l'œuvre d'un faussaire, ou bien M. Lacabane, je le répète, était très âgé et absolument privé de sa mémoire, quand il s'est contredit lui-même, comme on le voit et comme on va le lire ci-dessous, d'une façon si lamentable.

En effet, M. Lacabane non seulement a eu tout le loisir d'examiner les titres Courtois, pendant deux ou trois ans, mais encore il a écrit qu'il trouvait qu'on *le faisait trainer trop longtemps*, témoins les lettres données plus loin pages 29 et 34 dans lesquelles on lit les passages suivants :

« ... Mais pour que ces divers intérêts fussent à la fois
« garantis, il me paraissait nécessaire que le dépouillement
« ne trainât pas en longueur. C'était aussi le moyen de ménager un peu mon temps, car vous sentez aussi bien que
« moi, qu'un ouvrage comme celui-là, sans cesse suspendu
« et repris rend tout autre occupation impossible..... Il me
« semble impossible de continuer à vous donner tout mon
« temps *si le travail ne marche pas plus vite* »

« Après bien de la patience, je me vois enfin réduit à ne
« plus douter de l'intention où est M. Courtois d'éloigner
« indéfiniment la clôture de la nouvelle liste des croisés, afin
« de se réserver le temps de faire composer les familles.

« Je viens donc, vous prier d'engager M. Trognon à arrêter
« *le plus tôt possible le travail.* » Ainsi M. Lacabane se con-
tredirait de la façon la plus formelle.

Mais ce n'est pas tout ; ce 2ᵉ paragraphe, que je viens de
discuter, va lui aussi, à l'encontre de *la matérialité des faits.*
En effet, comment M. Lacabane aurait-il pu dire qu'il a fait
« subir, *depuis* », un examen à ces chartes (payées environ
500 francs chacune) alors, qu'après 1844, toutes les pièces de
la collection Courtois ont disparu ayant été toutes livrées,
soit aux familles intéressées, soit à M. le comte de Gourgues.

M. de Gourgues, en effet, acheta en bloc à M Courtois tous
les parchemins ou papiers de croisades sans exception, qui
n'avaient point trouvé acquéreurs, parce qu'aucune famille
ne les avait réclamés ou ne s'y était reconnue. Contraire-
ment à ce que j'avais écrit dans mon premier ouvrage, M. le
comte de Gourgues n'a jamais réintégré ces documents à la
Bibliothèque Nationale ; le directeur des archives m'en a
donné dernièrement l'assurance. Il ne s'y trouve que les
copies des chartes, faites de la main de M. Lacabane. Ce
dernier n'a donc pu, « *depuis* », revoir et étudier les originaux ! Ce ne serait que sur des copies que ce savant aurait
regretté de ne pouvoir faire « *depuis* » des expériences, ce
qui n'est pas sérieux ; et, nous estimons que M. Lacabane n'a
pas écrit pareille sottise et ne s'est pas contredit de cette
façon, à moins je le répète, d'avoir perdu la mémoire ou
d'être complètement fatigué d'esprit.

Nous n'insisterons pas sur les termes du troisième paragraphe, où le savant archiviste regretterait, en quelque sorte,
d'avoir émis des doutes ; nous ferons d'abord observer au
lecteur que ce paragraphe supposerait un état d'esprit singu-
lièrement perplexe chez son auteur ; ensuite que, même après

avoir cherché des circonstances atténuantes pour les erreurs qu'il croit avoir commises, M. Lacabane laisserait voir qu'il n'est pas sûr de s'être trompé.

Feuillet 101. — *Cette note est écrite, comme les précédentes, à la hâte et sur quart de feuille et sans date.*

« *Comptabilité des marchands italiens.* Ce qui m'étonne le « plus, c'est qu'on ait pu arriver à imiter des carnets de « marchands italiens sur papier de coton.

« Mais il est évident que, si les pièces en parchemin sont fausses, ces fragments de carnets le sont aussi. »

Toujours le doute et toujours pas de date. Il est donc impossible de tirer de ces lignes aucune conséquence, si ce n'est, qu'à un moment donné, le directeur du cabinet des titres a eu l'esprit fort agité.

L'œuvre achevée, M. Lacabane ne cessa pas d'en démontrer la valeur. On trouve, tome III, des in-folio précités, feuillet 104, une note ainsi conçue : « Consulter, pour la discussion de « l'authenticité des titres des croisades, le *Cartulaire de Cham-* « *pagne*, n° 5993 et suivants, du fonds latin. Ce manuscrit m'a « été signalé par M. Paulin-Paris, le 14 novembre 1846. Con- « sulter le mémoire de M. de Sacy, sur les archives de Gênes, « t. III, des *Mémoires de l'Institut, classe d'histoire*, 1818, pre- « mier volume. »

Ici, la note porte une date, 1846, postérieure à l'inauguration des dernières salles de Versailles. Et, en effet, M. Lacabane rechercha inutilement, dans les deux ouvrages indiqués une pièce, un fait qui pût être allégué à l'encontre de la collection Courtois. L'épreuve pourtant était terrible, car les mêmes faits et aussi quelques noms, les mêmes sceaux se rencontraient dans les chartes de Croisades d'une part, dans les archives de Gênes de l'autre, ainsi que dans le livre de M. Jal, historiographe de la marine dont j'ai parlé en 1806.

Feuillet 108. — *Petite écriture assez semblable à celle de M. Lacabane, sur papier bulle, format d'environ 1/8.*

« Le 27 juin (l'année manque), j'ai envoyé onze pièces à

« M. Trognon. — Ne plus en envoyer, à moins que la prove-
« nance de ces malheureuses pièces ne soit parfaitement
« connue. » Le nom seul de M. Trognon suffit pour nous
donner ici la date de cette note (1841 à 1843).

Est-il ici question des pièces Courtois ? Evidemment non,
puisqu'elles étaient cataloguées et que M. Lacabane ne pouvait hésiter sur leur provenance. L'on juge par là quelle
attention il importe de donner à l'examen de ces bordereaux
qui peuvent se rapporter à tout autre chose qu'à la question
qui nous occupe !

Enfin, les dernières expériences, le dépouillement des
derniers dossiers et l'arrêté de la liste des inscriptions eurent
lieu, vers le mois de juillet 1843, malgré le peu d'empresse-
ment de M. Courtois, et quoique M. le Tellier employât
tous les moyens pour les retarder, comme semble l'indiquer,
entre autres, la curieuse lettre qui suit :

« Pardonnez-moi, M. Lacabane, il m'a été impossible de
« vous voir hier.... à cause de certaine... (médecine prise).
« J'irai cependant, vers le midi, à la bibliothèque et tâcherai
« de vous donner les renseignements dont vous pouvez avoir
« besoin ; je joins ici la carte *que vous m'avez dictée*[1].
« 3 juillet 1843. »

Signé : LE TELLIER.

Voici encore une lettre de monsieur Lacabane, sans date,
mais qui, dans l'in-folio, suit celle que l'on vient de lire et où,
fatigué de maints rendez-vous manqués, il exprime sa mau-
vaise humeur.

« Lorsque je consentis, Monsieur, à examiner les monu-
« ments relatifs aux Croisades et qui font partie de votre ca-
« binet, j'espérais que la connaissance en serait aussi utile à
« l'histoire qu'au travail des Croisades ; aussi agréable aux
« familles qu'avantageuse pour vous et pour M. le Tellier.

« Mais, pour que ces divers intérêts soient à la fois garantis,

----

[1]. L'admission de plusieurs croisé décidée par Lacabane lui-même.

« il me paraissait nécessaire que le *dépouillement ne traînât*
« *pas en longueur*. C'était aussi le moyen de ménager un peu
« mon temps, car vous sentez aussi bien que moi, qu'un
« ouvrage comme celui-là, sans cesse suspendu et repris,
« rend tout autre occupation sérieuse impossible.

« Je ne puis guère me rendre compte de votre détermina-
« tion de ne communiquer à la fois que le nombre de pièces
« dont on peut trouver le placement dans les 24 heures. Le
« dépouillement complètement fait vous laisserait toute lati-
« tude à cet égard. N'avez-vous pas été toujours le maître de
« ne me proposer, chaque jour, que ce que vous aviez rai-
« sonnablement cru pouvoir placer chaque jour? N'auriez-
« vous pas eu, sur le mode adopté, l'avantage de choisir les
« noms les plus considérables, ceux des familles fixées à
« Paris ou dans le voisinage et avec lesquelles, par conséquent,
« il vous eut été possible de vous mettre en communication.

« Par la marche que vous avez suivie, plusieurs de ces
« noms vous échapperont infailliblement et ne seront connus
« que lorsque le nouveau travail des Croisades sera arrêté
« et qu'ils ne pourront plus y être compris. Ne sentez-vous
« pas que vos pièces perdront les dix-neuf vingtièmes de
« leur valeur présente ?

« Il est malheureux, Monsieur, pour le travail de Versailles,
« mais surtout pour vous, que les choses ne se soient pas
« ainsi présentées à votre esprit ; je ne doute pas que vous
« n'en ayez plus tard du regret.

« *Il me semble impossible de continuer à vous donner tout*
« *mon temps, comme j'y étais disposé, si le travail ne marche*
« *pas plus vite.* »

Ici, au mois de juin 1843, environ, se termine la période
des études préliminaires, auxquelles se livra M. Lacabane.

Déjà pourtant, dès le 30 mars 1843, la charte relative à la
maison de Noë, entre autres, avait été reconnue authentique ;
mais le doute existait peut-être encore pour d'autres pièces.

En tout cas ce doute n'existait plus à l'égard des « fameuses chartes de nolis de 1249 », car, outre ce que nous a appris plus haut la lettre du 23 juin 1842, nous lisons dans une revue bretonne, de juillet 1843, ces mots. dits en présence de l'un des rédacteurs, *par Monsieur Lacabane*, à propos des titres qui montrent les Bretons s'embarquant tous de préférence sur un même bateau, un bateau commandé par un compatriote :

« Voilà bien votre Bretagne, toujours une, toujours natio-
« nale, s'écria le savant, cela est réellement admirable[1] ».

.⁎.

PÉRIODE DE CONVICTION ABSOLUE DANS
L'AUTHENTICITÉ

La lecture des in-folio, au commencement de juillet 1843, nous permet de voir M. Lacabane examinant avec une attention devenue passionnée, les unes après les autres, les chartes de croisades ; de ses mains, elles passaient dans celles des graveurs, des calligraphes, des chimistes, des archivistes paléographes, des experts en sphragistique, de tous ceux, en un mot, qui pouvaient aider à découvrir une fraude, comme nous l'avons dit dans notre étude publiée en 1896. Les titres admis par M. Lacabane furent reconnus authentiques également par les experts de toutes sortes.

Quant à la cire des sceaux, tout le monde sait que le temps seul est capable de lui conférer le cachet d'antiquité voulu.

A la fin de ces expertises, M. Lacabane donne définitivement le droit d'admission à Versailles à plusieurs familles. Ainsi la charte de Saint-Jean-d'Acre, portant les noms de Jordanus, de Burgo, P. de Lambecourt, J. de Constancia, N. Perinus, A. Babo, est reconnue authentique, le 3 juillet 1843. C'est

___
[1] *Revue de l'Armorique* du 15 juillet 1843, N° XII, p. 131.

alors que les familles, informées par une large publicité, qu'il
existait un croisé de leur nom, vinrent se présenter à M. Lacabane pour lui fournir leur généalogie, et les preuves de leur
attache avec ce croisé, plusieurs même pour régler, séance
tenante, la valeur des pièces achetées.

Voici une lettre, sans date, de M. Lacabane, qui le fait
voir :

« Je m'empresse de vous annoncer, mon cher Monsieur le
« Tellier, que j'ai reçu de Mme la comtesse de Chastenay, un
« mandat de 500 fr., payable à l'ordre de M. Courtois sur
« MM. Blanc-Colin, banquiers. Vous viendrez le retirer quand
« vous voudrez. Je crains que vous n'écriviez aux familles un
« peu trop au hasard.

« Il s'est présenté chez moi M. Desnoz, qui m'a dit avoir été
« averti qu'il y avait un titre sur sa famille, chez M. Courtois.
« L'individu qui figure, en effet, dans l'une des procurations,
« datée de Limisso, en 1249, se nomme Roland Denoz.

« Mais, comme il existe plusieurs maisons Denoz en Bre-
« tagne, qui ne portent pas les mêmes armes, et qui sont dif-
« férentes de celles de Denoz, au Maine, il serait impossible
« de faire l'attribution positive de cette pièce à l'une ou l'autre
« de ces familles, attendu que le sceau de Rolland Denoz ne s'y
« trouve pas attaché.

« Je crois qu'il serait désormais convenable de n'écrire
« qu'aux personnes dont l'admission aux Croisades ne sau-
« rait éprouver de difficultés.

« Vous sentez tout ce qu'il y aurait de désagréable pour
« une famille, d'embarrassant pour M. Trognon, pour moi
« enfin, et, par suite, pour M. Courtois, si un titre, acheté
« par elle, ne pouvait lui être d'aucune utilité. Il ne faudrait
« donner avis qu'à bon escient[1].

« M. Courtois avance-t-il dans le nouvel arrangement
« de sa collection ? S'il continue, en attendant le dépouille-

[1] On voit les scrupules d'honnêteté du savant ! On ne les comprendrait
pas s'il n'avait été alors convaincu de la valeur des pièces vendues.

« ment des liasses, recommandez-lui bien de recueillir avec
« grand soin les morceaux de papier. Ce sera certainement
« la partie la moins lucrative pour lui, *mais ce sera celle qui*
« *authentiquera le mieux le reste de la collection.*

« Dites-lui donc de ne pas négliger un seul de ces petits
« chiffons quelque sale, quelque détérioré qu'il puisse être.

« Vous savez qu'il n'y a pas de temps à perdre, s'il veut
« voir le dépouillement de son fonds des Croisades terminé
« avant la clôture de la nouvelle galerie de Versailles.

« Vous n'oublierez pas qu'il a été convenu que vous ne
« *céderez pas une seule pièce, sans me l'avoir préalablement*
« *communiquée.*

« Je vous rappelle cette promesse autant dans l'intérêt de
« M. Courtois que dans celui du travail que je prépare.

Votre tout dévoué serviteur,

C. LACABANE. »

Cette lettre prouve que M. Lacabane n'a nullement ignoré
le côté financier de la question, qui engageait sa responsabilité.

Il est aisé de voir, qu'arrivé à peu près à l'année 1843, bien
loin de mépriser les chartes Courtois, M. Lacabane y attache
sans conteste un très grand prix. On n'aperçoit plus, chez
lui, la moindre trace d'hésitation ; il gourmande presque
M. Courtois, l'accuse *de faire traîner les choses en longueur* ;
et, en effet, ce dernier recherchait partout les familles citées
dans ses titres, afin de les leur vendre ; il avait évidemment
intérêt à retarder le plus longtemps possible la clôture de
la liste des nouveaux croisés.

Le savant pressait au contraire l'ex-avoué d'en finir et
il serait absurde maintenant de soutenir que le temps d'examiner les parchemins a manqué.

Nous n'affirmons pas, qu'au début, de sa conversion, M. Lacabane n'ait pas eu des moments de tergiversations, de
frayeurs lorsqu'il envoyait une pièce à M. Trognon ;
chaque fois qu'il extrayait un nom d'une charte Courtois, il

tremblait de s'être trompé peut-être, jusqu'au jour où, enfin convaincu, il a marché avec assurance. Mais, après la lettre qu'on va lire, tous les doutes vont disparaître de l'esprit du lecteur sur l'appréciation définitive de M. Lacabane, au sujet des chartes Courtois et il restera convaincu que ce savant, à la fin du dépouillement des dossiers, n'avait plus l'ombre d'une hésitation sur l'authenticité des chartes des croisades à qui il reconnaissait enfin une « inappréciable » valeur.

Voici la lettre :

« A M. le secrétaire des commandements de Monseigneur
« le prince de Joinville.

MONSIEUR,

Après bien de la patience, je me vois enfin réduit à ne plus douter de l'intention, où est M. Courtois, d'éloigner indéfiniement la clôture de la nouvelle liste des croisés, afin de se réserver le temps de faire composer les familles.

Je viens donc vous prier d'engager M. Trognon à arrêter le plus tôt possible le travail.

C'est avec regret, sans doute, que je donne ce conseil, car la collection Courtois *est réellement inappréciable.*

Elle comprend à n'en plus douter toutes les obligations contractées, envers des marchands italiens par les Croisés français, en 1190, 1202, 1249.

« Je crois enfin connaître la provenance. Je vous ferai part « de cette conjecture à la première entrevue[1]. »

---

[1] C'est très probablement le vol d'une caisse contenant ces titres, à Gênes, dont j'ai parlé dans mon premier travail, en 1896.

A peine les nouvelles salles eurent-elles été ouvertes au public, en 1845, je crois, que des réclamations intéressées surgirent de tous côtés, personne ne l'ignore et, du reste, nous en avons dit un mot, dans le travail de 1896.

M. Lacabane fut vivement assailli et subit, depuis ce jour, une sorte de « tourment », comme le dit M. de Mas-Latrie, dans l'éloge funèbre qu'il consacra à son savant ami (Voir le *Bulletin de la Bibliothèque de l'École des Chartes de 1885,* t. 46, p. 153). Ce rude combat, que M. Lacabane soutint avec la plus grande énergie, ne cessa qu'à son lit de mort.

Il durait encore très vif, en 1870, contre les prétentions injustifiées des grands, contre l'Empereur, contre le surintendant des Beaux-Arts, M. le comte de Nieuwerkerke. C'est ainsi que M. Lacabane écrivait à ce dernier, le 8 mars 1866, à propos d'une demande d'inscription faite par le général Yvelin de Béville : « Je ne puis faire cette enquête. Je ne re-
« gretterai pas d'ailleurs, M. le comte, de m'en être déchargé,
« en considérant tous les désagréments que j'ai eu à essuyer
« pour m'être souvent vu *forcé de combattre des prétentions*
« *excessives ou mal fondées.*

« Depuis votre première lettre, du 25 mars 1858, j'ai rempli
« avec un entier désintéressement le rôle de rapporteur, et
« presque de juge, dans ces questions brûlantes d'amour-
« propre et je ne réclame d'autre récompense de ce délicat
« et pénible travail de huit années, que le bénéfice du repos
« que mon état de santé rend tout à fait indispensable. »

Cette résistance énergique, cette noble indépendance, ce désintéressement absolu, permettent-ils d'accuser M. Lacabane de complaisances coupables, de malhonnêtes compromissions ? M. de Nieuwerkerke dut s'incliner.

Ce brouillon de lettre, il est vrai, fut refait et atténué dans ses termes, mais le refus de s'occuper de cette maison, pour la faire inscrire à Versailles, resta absolu et le savant ajoutait qu'il ne voyait rien qui justifiât les prétentions. Pourtant le général de Béville parvint, cela est certain, à faire ses preuves, les preuves les plus convaincantes, en sorte que le nom d'Yvelin fut admis à Versailles, me dit-on, en 1867, après une laborieuse et consciencieuse expertise, d'autant plus sévère que l'affaire avait fait du bruit.

M. Lacabane, du reste, ne cessa sous l'Empire de lutter, non seulement contre la phalange des évincés de Versailles, contre les envieux de profession, mais surtout contre quelques jeunes élèves de l'École des chartes, qui prétendirent, avec une exagération évidente, qu'à l'époque où M. Lacabane était le Directeur de cette école, l'archéologie, la paléographie étaient dans les ténèbres, tandis qu'aujourd'hui, les progrès sont tels, qu'on ne peut plus se tromper !

De cette sorte, il nous faut douter de tous les érudits qui ont précédé ces savants nouveaux ! Nous ne nions pas les progrès de la science, mais il ne faut pas pousser les choses ainsi à l'extrême.

Ce sont les attaques de ces derniers qui impressionnèrent et peinèrent surtout le vieux savant, bien plus que l'apparition de nombreux titres de Croisades, fabriqués, de 1844 à 1852 et qui, lui ayant été présentés comme sortis du cabinet le Tellier, furent reconnus faux par lui, sans la moindre hésitation, à la première inspection sérieuse. Ils ne résistèrent pas, en effet, à l'épreuve, toujours fatale à ce qui est apocryphe, d'un examen « rigoureux.

A la vue de ces écritures, de ces parchemins frelatés, le savant n'eut pas d'illusions; ils sont tous faux, s'écria-t-il, malgré les réclamations des familles intéressées et les persécutions dont il fut victime de leur part.

Du reste, nous n'avons jamais dit que, parmi la masse des titres, il ne s'en soit pas glissé un ou deux de faux. Par suite de circonstances diverses, on a pu les introduire parmi ceux reconnus authentiques et les faire échapper aux expériences : nous avons, avec l'abbé Gazzera, envisagé cette éventualité. Aussi, est-ce sans arrière-pensée que nous admettons que la charte, relative à Juhel de Mayenne, peut être fausse[1], *s'il est prouvé* que le décès d'Alain de Dinan a bien eu lieu vers 1196, comme l'affirme, sans citer son auteur, du reste, M. Potier de Courcy dans son *Nobiliaire de Bretagne*. Nous attendrons pourtant, avant de condamner absolument ce titre que l'on nous prouve que M. Potier de Courcy, malgré sa grande notoriété, doit être cru sur parole à l'égale des dom Lobineau, des dom Bouquet et autres.

A part cette critique, qui peut paraître bien fondée à quelques personnes, je ne crois pas qu'il y en ait une autre, signalée dans les chartes Courtois, et l'on avouera que c'est peu étant donné que ce fonds contenait plus de 2000 titres.

Quant aux chartes récentes, fabriquées de 1844 à 1850 grâce à la photographie qui venait d'être découverte, elles encombrent aujourd'hui les cabinets héraldiques de Paris.

M. Lacabane se fit des ennemis, en exigeant toujours avec rigueur, avant d'admettre un nom à Versailles, des titres réels et la preuve, par des généalogies et des pièces authentiques, qu'on descendait bien du croisé cité dans les actes produits. C'est ainsi, qu'en 1854, M. Duleux circonvenu, sans doute, par un imposteur, transmit à M. Lacabane des titres très douteux. Ce dernier les qualifia comme tels en faisant remarquer que tous ces parchemins « sortaient du cabinet le Tellier, ».

On lui avait présenté déjà, en 1852, des pièces apocryphes, relatives aux noms de Juglet et de Lornaye, familles de Normandie, originaires de l'Orléanais. Le savant les annota ainsi :

« Ces titres sont de la même fabrique et j'ai dit, comme je
« le devais, que je ne croyais pas à l'authenticité. »

---

[1] *Histoire de la maison de Craon de 1050 à 1480*, par Bertrand Rous-sillou, tome, page 74 en note. La charte soupçonnée est datée de 1191.

Pour notre part, nous ne dirons pas le contraire, car il y a eu de nombreux essais de contrefaçon, cela est certain.

Plus loin, feuillet 111, M. Lacabane écrit :

« Cette note prouve que les titres relatifs à la famille de « Juglet et à la famille de Baudon sont faux[1].

« Ils sortent du cabinet Courtois dont nous n'avons jamais « dit *que toutes les* pièces étaient authentiques, au contraire.

« Elles sont toutes deux de la même fabrique. »

Dans les deux notes qu'on vient de lire, nous pouvons constater, du moins cette fois, d'une façon ferme, grâce aux dates, de 1852 et 1854, auxquelles les familles sus-nommées adressèrent, *en pure perte du reste*, leur demande d'admission à Versailles, qu'il fut présenté, après 1844, à M. Lacabane des titres faux, sortis, ou qu'on prétendait sortis du cabinet Courtois ; mais nous répéterons encore que, de ce cabinet, passé peut-être en d'autres mains, on prétendit, après 1844, que de fausses chartes étaient sorties et nous rappellerons que personne n'a dit, du reste, que tout ce qui venait de chez M. Courtois, ancien avoué, sans autorité, sans connaissances archéologiques, était authentique, bien loin de là !

Nous n'avons entendu réclamer l'authenticité que pour les chartes dont la liste a été arrêtée et la copie prise, en 1844, par M. Lacabane, et qu'on trouvera au tome III précité. Nous avons même complété notre pensée, quelques lignes plus haut, en montrant que, sous l'Empire, une masse de titres faux, nouvellement fabriqués et qu'on disait, pour leur donner du crédit, extraits du cabinet Courtois, avaient surgi de tous côtés.

Qu'ils aient eu, du reste, le sort mérité, et que leur exécution sommaire ait été faite par M. Lacabane, cela n'a rien qui nous déplaise ! au contraire ! Au surplus, à côté de demandes injustifiées, adressées au directeur du cabinet des titres *et repoussées*, nous en voyons quelques-unes bien fondées et auxquelles celui-ci fit droit.

[1] De ce que la charte relative à ces familles est fausse, il n'en est pas moins prouvé que ce sont de vieux noms, m'a-t-on affirmé.

Ainsi, en 1869, le nom de Tascher reçut l'autorisation d'inscription à Versailles ; il en fut de même, en 1850, pour le nom de Chevreuse ; plusieurs notes de M. Lacabane prouvent l'intervention personnelle du savant archiviste et nous trouvons l'avis de bien fondé qu'il donna, continuant ainsi à apporter de nouvelles pierres à son monument. S'il le croyait bâti d'imbécillités et d'escroqueries, pense-t-on qu'il eut agi de la sorte et qu'il eut confectionné jusqu'en 1870, avec préméditation, ces brouillons, destinés à le déshonorer après sa mort ?

Cela nous paraît inadmissible, étant donnés l'honorabilité reconnue, la scrupuleuse conscience, le savoir de cet homme distingué qui, pendant sa vie et jusqu'après sa mort, survenue en 1885, fut honoré de l'estime de tous ses contemporains, de celle d'un roi, d'un empereur, de l'universalité des érudits français et étrangers.

Je dis, jusqu'après sa mort, car, si l'on veut bien se reporter à mon premier ouvrage, on verra que M. le comte de Mas-Latrie, de l'académie française, vieil ami du savant, n'admettait nullement qu'il eût rétracté ce qu'il avait fait, en édifiant la salle des Croisades. Lorsqu'il prononçait son éloge funèbre, devant la Société de l'École des chartes, il disait :

« Avec l'abbé Gazzera, ancien secrétaire perpétuel de l'a-
« cadémie de Turin, paléographe consommé, avec notre ami
« Canale, auteur d'une savante histoire de Gênes et nombre
« d'autres critiques autorisés, nous persistons à considérer,
« malgré des avis contraires, l'immense majorité de ces pièces
« comme parfaitement authentiques.

Aux cinquante lignes de M. Lacabane, citées dans les pages qu'on vient de lire, se bornent, à peu près, les notes, bordereaux, lettres, les plus intéressants, critiquant la collection Courtois et contenus dans cinq in-folio, dont trois tenus secrets, aux archives de la rue Richelieu.

Que valent donc ces lignes, perdues au milieu des documents réunis dans ces gros volumes, lesquels témoignent du travail consciencieux et convaincu de M. Lacabane? Si cet homme n'était pas absolument persuadé de l'authenticité des chartes Courtois, c'était un imposteur, un misérable et les auteurs des deux cents et quelques demandes d'inscription à Versailles, ainsi que les gens qu'il a trompés, sont représentés là comme un témoignage terrible de son infamie et *de ses indélicatesses*[1].

Heureusement, nous croyons avoir remis les choses au point et prouvé que, si, comme l'Europe entière au début, M. Lacabane a eu des doutes sérieux et a agi avec une prévention, une circonspection bien légitimes et même tout-à-fait de circonstance, il a définitivement mis de côté cette suspicion et en a rendu hommage à la valeur des chartes de croisades du fonds Courtois; n'a-t-il pas écrit lui-même, en effet, entre autres aveux positifs, que « la collection Courtois est « réellement inappréciable, qu'elle comprend *à n'en plus douter* « toutes les obligations contractées, envers des marchands « Italiens par des croisés français, en 1190, 1202, 1249 ».

Personne, nous le répétons, n'oserait croire, qu'un homme de l'honorabilité de M. Lacabane ait été le complice de tels faussaires et de tels coquins !

Si, contre toute vraisemblance, des gens passionnés, intéressés à nier l'authenticité des pièces en question, ou poussés par une basse jalousie, ont pu obtenir de M. Lacabane, dans les dernières années de sa vie, et en influençant son cerveau affaibli, qu'il reniât, dans ses vieux jours, tout son passé glorieux, tous ses travaux éminents, nous n'aurions pas de mots pour réprouver une pareille tentative !

En effet, n'en voit-on pas les conséquences? Ne s'aperçoit-on pas, qu'en faisant sombrer lui-même ainsi, par une sorte de suicide, sa belle réputation de savant et d'honnête homme, Monsieur Lacabane couvre à jamais de discrédit et de ridi-

---

[1] La lettre précitée, p. 32, montre que Lacabane n'ignorait pas le vol, si c'en était un.

cule la science et l'archéologie françaises, l'École des chartes
dont il était le président, les savants français et étrangers
comme Gazzera, Canale, etc... ainsi que tous les spécialistes
distingués qui ont pris part aux expériences faites sur les
parchemins, les sceaux, etc., et ont examiné les pièces à
divers points de vue.

Quoi ! l'on admettrait que M. Lacabane ait fait une pareille
volte-face, en confiant ses aveux à des torchons de papier, sans
même adresser un regret, une excuse, aux honnêtes gens qui, se
fiant à lui, ont acheté, au poids de l'or, ces parchemins frelatés !

Cela, ce n'est pas possible ! Qu'on veuille bien se rassurer ;
M. Lacabane n'est pas tombé si bas. On peut être certain que,
si, dans la plénitude de son intelligence, cet homme de bien
s'était rendu compte d'une telle bévue, il n'aurait point hésité
à la reconnaître, avec cette grandeur d'âme, cette honnêteté,
cette horreur du mensonge qui le caractérisaient ; sa noble indépendance vis-à-vis des puissants, son remarquable désintéressement souvent éprouvé[1], sont un sûr garant de l'honorabilité du savant.

Non, cet homme honnête autant que sage et érudit n'eût
pas confié sa confession, en pénitent honteux, uniquement à
des bordereaux tenus secrets, à des papiers malpropres, destinés à déshonorer ses cheveux blancs dans l'avenir, mais,
en temps opportun, à un rapport officiel, public et circonstan-
cié, avec preuves à l'appui. Il y aurait donné les motifs du
revirement opéré dans son esprit, la chose en valait bien la
peine. Aucun ordre supérieur, aucune considération d'ar-
gent, aucune pensée personnelle, il l'a bien démontré, n'auraient pu l'empêcher de proclamer la vérité. Il y avait pour
lui, évidemment, un motif pressant autant que puissant de
démasquer *sans le moindre retard* les imposteurs, puisque, les
titres *leur ayant été payés*, il avait à redouter, pour lui comme
pour ses descendants, qu'on ne le crût complice des escrocs.

---

[1] La lettre du 8 mars 1856, qui précède, en est la preuve.

Qu'on en soit assuré, en un mot, M. Lacabane aurait combattu ses propres erreurs, par amour pour la vérité historique et par délicatesse, avec la même science, le même soin scrupuleux, la même ardeur qu'il avait apportés jadis à étudier les documents destinés à construire l'édifice brillant de la salle des Croisades.

Voilà ce qu'eût accompli M. Lacabane, s'il avait reconnu qu'il avait fait fausse route.

Notre conclusion est donc que M. Lacabane n'a pas renié son œuvre, et que, plus que jamais, l'on doit tenir pour assurée l'authenticité des chartes des Croisades de la collection Courtois, ce qui a été déjà démontré, croyons-nous, par des preuves diplomatiques et par des faits matériels dans une précédente étude, en 1896.